Für Andrea und Leonie B.H.
Ursel und Julia A.R.

Erstmals 1999 im Michael Neugebauer Verlag, einem
Imprint der Verlagsgruppe NordSüd Verlag AG, Gossau
Zürich, erschienen.

Druck: Grafiche AZ, San Martino Buon Albergo
ISBN 3-314-01471-6

4. Auflage 2005

Besuchen Sie uns im Internet: www.nord-sued.com

Hubert und der Apfelbaum

Von Bruno Hächler
Illustriert von Albrecht Rissler

NordSüd

Am Rande einer kleinen Stadt
lebte einst ein Mann.
Hubert war sein Name.
Hubert war ein freundlicher Mann
mit gutmütigen Augen und einer
winzigen Brille auf der Nase.
Seine braunen Locken sahen aus
wie das Fell eines Schafes. Er
bewohnte ein altes, windschiefes
Haus, das sich ängstlich, beinahe
verschämt hinter einem hübschen
Garten versteckte. Darin stand
auf einer farbigen Blumenwiese
ein Apfelbaum.
Jeden Morgen beim Aufstehen
freute sich Hubert über die
Schönheit seines Baumes.
Abends, wenn er von der Arbeit
zurückkehrte, saß er stundenlang
am Fenster und beobachtete die
Vögel in der Baumkrone.

Nun müssen wir wissen, dass es überhaupt nicht langweilig ist Bäume zu beobachten. Manche von ihnen sind nämlich richtige Verwandlungskünstler.
Im Frühling hüllen sie sich in ein strahlendes Blütenkleid und recken ihre jungen Blätter munter in der Wärme, während sich emsige Bienen bei ihnen Nahrung holen.
Im Sommer spenden sie Schatten, wenn die Sonne so heiß vom Himmel brennt, dass die Leute mit hochroten Köpfen herumlaufen. Im Herbst dann spielt der stürmische Wind unermüdlich mit den gelben, roten und braunen Blättern und verstreut sie frech auf Wiesen und Straßen, bis der Winter die ganze Landschaft in ein weißes Schneekleid hüllt.
Wenn Hubert unter seinem Baum lag, dachte er oft daran, wie er als Kind in sein Geäst geklettert war. Nur zu oft hatte er sich in den dichten Blättern versteckt, wenn die Mutter zum Essen rief und er noch nicht nach Hause gehen wollte.

Wenn Hubert seinen Baum
betrachtete, war er unbeschreiblich
glücklich.
Mehr brauchte er nicht auf der Welt.
Es kam auch vor, dass jemand
vor dem Gartenzaun stehen blieb –
eine Mutter oder ein Vater mit
einem kleinen Kind zum Beispiel.
Manchmal rief jemand:
„Sieh mal, wie schön!“
Doch die meisten Leute eilten nur
ungeduldig vorbei. Scheinbar gab es
viele dringende Dinge zu erledigen
in der kleinen Stadt.

So vergingen die Jahre. Hubert wurde älter. Tiefe Furchen gruben sich in sein Gesicht. Seine Haare wurden erst grau, dann weiß und mit der Zeit verschwanden sie wie die Herbstblätter im Wind. Nur sein Bart wurde länger und länger und er wucherte von seinem Kinn über den Hals bis hinunter auf die Brust. Hubert aber war noch immer glücklich, betrachtete stundenlang seinen Baum und die Vögel.

Erwischte er zwischendurch ein Lausmädchen oder einen Lausbuben beim Äpfelstehlen, dann lachte er nur und rief: „So schmecken sie am besten, gell!“ Worauf die Lausbuben und Lausmädchen meist verlegen davonrannten.

Eines Tages jedoch passierte etwas Ungeheuerliches. Wieder einmal war es Herbst geworden. Der Sturmwind zurrte heftig an den Fensterläden und wirbelte die farbigen Blätter ausgelassen durch die Luft. Über die nahen Hügel kamen prall gefüllte Gewitterwolken gezogen. So schwarz und düster und Furcht erregend waren sie, dass sich die Leute in ihre Häuser verkrochen. Auch Hubert schloss nach dem ersten Donnergrollen sein Fenster, verfolgte aber durch das schützende Glas das Treiben.
Bald platschten erste fette Regentropfen gegen die Fensterscheiben. Dann prasselte ein Schauer auf das Städtchen nieder, als ob jemand zornig einen Wasserhahn aufgedreht hätte. Dazwischen zuckten wilde Blitze, begleitet vom Donner, der immer lauter und bedrohlicher wurde.
Plötzlich stand Hubert vor Schreck das Herz still. Vor seinen Augen fuhr ein gewaltiger Blitz vom Himmel und schlug mit ohrenbetäubendem Lärm in den Apfelbaum. Dieser ächzte und stöhnte, als sein Stamm entzweigerissen wurde. Dann kühlte der Regen die Wunde.

Das Gewitter war weitergezogen. Da stand der einst so prächtige Apfelbaum. Er bot ein trauriges Bild. Schief und knorrig wie das Haus war er geworden. Eigenartig anzusehen. Dem Stamm entlang zog sich eine lange Narbe bis zu den kräftigen Wurzeln.

„Das tut weh“, flüsterte Hubert dem Baum tröstend zu und tätschelte ihn dabei liebevoll. Der Baum seufzte nur leise.

Und wüssten die Menschen, dass auch Bäume weinen können, so hätte Hubert vielleicht die feucht schimmernden Stellen überall auf der Rinde bemerkt.

Der nächste Frühling war warm und sonnig. Die Vögel zwitscherten, dass es eine Freude war. Ringsherum blühten Blumen. Nur der Baum stand schief und knorrig und traurig da. Einige winzige Blätter hatten sich zu regen begonnen, verstreut waren Blüten aufgetaucht, auf denen sich wie früher die Bienen tummelten.

Aber sosehr er sich auch anstrengte: Dem Apfelbaum fehlte die Kraft in seiner alten Schönheit zu erstrahlen. Noch immer schmerzte ihn die Wunde, wenn das Wetter umschlug oder die Sonne gar heiß auf den Riss in seinem Stamm brannte. Doch das war nicht das Schlimmste.

In letzter Zeit waren oft Leute vor ihm stehen geblieben. Missmutig hatten sie an ihm hochgeschaut und ihn einen „Schandfleck“ und „hässlich“ genannt.

„Fällen sollte man so etwas“, hatte kürzlich eine Frau gesagt und ein Mann hatte geantwortet, dass man hier schöne Parkplätze oder wenigstens einen anständigen Rasen machen könnte, wenn der Baum endlich weg wäre.
So wurde der Baum mit jedem Tag trauriger. Seine Tränen benetzten die wenigen Blüten, die deshalb nur noch schneller verwelkten.
Hubert ärgerte sich über das Geschwätz der Leute. Er liebte seinen Baum genau so, wie er war. Er betrachtete die Vögel, die in seinen Ästen schnabulierten, und streichelte abends sanft über seinen Stamm.
„Weg da!“, schrie er manchmal wütend und scheuchte die verdutzt gaffenden Leute mit einem Besen davon. Aber es half nichts. Schon am nächsten Tag waren andere da und reklamierten.
Da fasste Hubert einen Plan.

Eines Morgens fuhr Hubert mit seinem rostigen Fahrrad davon. Dabei lächelte er, dass ihn die Nachbarinnen und Nachbarn verwundert anschauten. Ein paar Stunden später kam er beladen zurück. Eifrig holte er eine Schaufel aus dem Schuppen und begann am Stamm des Apfelbaumes tüchtig zu graben. Er wurde nicht müde, bis er ein stattliches Loch geschaufelt hatte. In dieses Loch pflanzte Hubert nun einen jungen, zarten Apfelbaum, der kaum bis an seinen schneeweißen Bart reichte. Endlich kommt der alte Baum weg, dachten die Leute. Aber Hubert lächelte nur verschmitzt, bedeckte die Wurzeln des Apfelbäumchens mit Erde, begoss sie tüchtig mit Wasser und stellte die Schaufel zurück in den Schuppen.

Die Jahre vergingen. Frühling, Sommer, Herbst und Winter wechselten sich ab. Hubert war ein gebücktes Männchen geworden, das zufrieden an seinem Fenster saß. Das kleine Bäumchen war zu einem prächtigen Apfelbaum gewachsen und so mit Früchten übersät, dass sie Hubert längst nicht mehr alleine essen konnte. Auch der knorrige alte Baum stand noch immer im Garten. Gestützt von den kräftigen Ästen des jungen Baumes lebte er geruhsam und glücklich.
Er freute sich über die wenigen Blätter und Blüten, die er jeden Frühling wacker trieb. Er lächelte insgeheim, wenn ein Kind auch mal bei ihm einen Apfel stibitzte. Die Leute aber gingen wieder eilig ihren Geschäften nach. Um die beiden Bäume kümmerte sich niemand mehr. Nur ab und zu blieb jemand stehen und genoss ihren Anblick.

An einem Herbstabend spürte der Baum plötzlich eine vertraute Hand auf seiner furchigen Rinde. Der alte Hubert war leise zu ihm hingetreten und flüsterte ihm geheimnisvoll etwas zu. Der Baum nickte nur. Auch er hatte es gespürt: Die Luft roch nach Schnee. Der Winter war nahe.
Es war Zeit sich auszuruhen.

Während die ersten Schneeflocken
vor dem Fenster tanzten und sich
Hubert in sein warmes Bett legte,
schlief draußen der knorrige
Baum ein.
Und wie sie so friedlich schliefen,
träumten beide vom Frühling.